栗原家のごはん

祖母

そし

から僕に、

へ。

栗原心平

大和書房

「みなさん、こんにちは。料理家の栗原心平です」

まず、はじめに、この本を手に取ってくださったみなさまへ心より御礼申し上げます。

そして、あらためて自己紹介させていただきます、栗原心平です。

1978年11月20日生まれ、40代は論語でいうところの不惑ですが、未だ人生に迷えるさそり座の43歳です。血液型はA型。性格は果断だと思いますが、神経質なところもあり、非常にめんどうくさい男だと自分では思っています。

座右の銘は「人間万事塞翁が馬」。よいときもあれば悪いときもあるのは当たり前なので、よいことがあった場合には、喜びすぎないように努め、悪いことがあった場合は、よいこともあるさ、と開き直るようにしています。

もうひとつに「過ぎたるは猶及ばざるがごとし」。どんなに好きなものも過剰に手に入れると自分の中での価値が落ちるので、好きなものの価値は自分でコントロールしなければならない。

趣味はゴルフや読書、キャンプなど。最近は寝室に一杯だけナイトキャップを持って行って、足裏マッサージ機にかかりながら映画やドラマを見るのにはまっています。

人付き合いは「赤心（せきしん）を推して人の腹中に置く」という言葉通り、信義をもって接して信義でもって返してくれる人と自然と仲良くしている気がします。友人はそういう人物が多いような気がします。みんな、なんだかやさしいし、思いやりがあっていつも救われているようです。

母と父、
そして祖母に
教わった味が
僕の原点です。

こうやって自分の性格を分析してみると、親の影響がとても大きかったように思います。

子どものころは怒られたり、褒められたり、泣かれたり、諭されたり（あまりなかったけど）、どこの家庭にもあるような思い出とともに栗原家にもありました。そして家族の姿が栗原家にもありました。そのような思い出とともに栗原家には必ず母の料理がありました。クリスマスのごちそうを前に父に怒鳴られた小学校3年生の冬。交通事故にあって退院した日の母の手料理。

そんな母の手料理も、祖母から受け継がれたエッセンスがたくさん詰まっている。

この本は祖母から母へ、母から僕へ、そして僕から次の世代へつないでいきたい味、時代を経ても変わらず愛されるレシピを掲載した一冊です。

子供が急に友だちを連れて来たとき
中華
混ぜご飯
春雨とひき肉の煮物

もくじ

「今のわが家の定番ばかりです」……71

エッセイ

あとがきにかえて……120

おまけ……122

「物心ついたときには、すでに好物でした」

◎母のレシピ
◎父のレシピ
◎祖母のレシピ

麻婆春雨

「ただいま」と帰ってきて、
食卓に見つけると、
うれしくなったおかずの筆頭です。
最近は、豚ひき肉で
つくることも多いけれど、
ずっと昔から好きな、
元祖の味といえばこれ。

◎**材料**（2〜4人分）

牛バラ肉（しゃぶしゃぶ用）…200g
緑豆春雨…90g
長ねぎ（みじん切り）…1/4本分（25g）
にんにく（みじん切り）…1片分
生姜（みじん切り）…1片分
赤唐辛子（小口切り）…小さじ1/2

A
醤油…大さじ3
酒…大さじ3
みりん…大さじ1
砂糖…大さじ1/2
豆板醤…小さじ1/2

胡麻油…大さじ1

◎**つくり方**

① 鍋に湯（分量外）を沸かし、沸いたら春雨を入れて火を止める。3分おいてザルに上げ、水気をきる。食べやすい長さに切る。
② 牛肉は細かく刻む。Aは混ぜ合わせておく。
③ フライパンに胡麻油を熱し、にんにく、生姜、赤唐辛子を入れて強火で炒める。香りが出てきたら牛肉を加えて炒める。
④ 牛肉に火が入ったら、A、春雨を加え、汁気がなくなるまでしっかりと炒め合わせる。
⑤ 春雨が汁気を完全に吸ったら、器に盛り、長ねぎをのせる。

小松菜と油揚げの煮物

小さなころから、
小松菜やほうれん草といった
青菜の煮物やおひたし、炒めものは、
よく食卓に上がりました。
母のレシピは、もとは厚揚げでしたね。

◎**材料**（つくりやすい分量）

小松菜…200g
油揚げ…2枚
A
かつおだし…250㎖
醤油…大さじ2
酒…大さじ2
みりん…大さじ1
砂糖…大さじ½
塩…小さじ½

◎**つくり方**

① 小松菜は、沸騰した湯（分量外）に茎のみを沈めて15秒、葉まですべて沈めてさらに10秒茹でる。すぐにザルに上げて冷水で冷やし、しっかりとしぼる。根元を切り落として5㎝長さに切る。

② 油揚げはしっかりと沸いた湯（分量外）で油抜きする。水気をしぼり、2㎝幅に切る。

③ 鍋にAを入れて中強火にかける。沸いたら油揚げを加え、中火で2分ほど煮る。

④ 小松菜を油揚げの下に沈めるようにして加え、さらに中火で2分ほど煮る。

⑤ 油揚げにしっかりと味が染みたら、器に盛る。温かいうちに、また、翌日に冷えたものをいただくのもおいしい。

茄子の香味揚げ浸し

茄子のおいしい時期ともなれば、
しょっちゅう食べています。
やわらかく揚げ煮した茄子と、
ピリ辛のタレがよくなじみます。
熱々はもちろんのこと、冷やしてもどうぞ。

◎ **材料**（つくりやすい分量）

茄子…5本
揚げ油…適量
A
醤油…100㎖
酢…50㎖
みりん…大さじ1
砂糖…大さじ½
豆板醤…小さじ1
にんにく（みじん切り）…1片分
生姜（みじん切り）…1片分
白髪ねぎ…適量

◎ **つくり方**

① 茄子は2㎝厚さの輪切りにする。
② バットでAを混ぜ合わせて、漬けだれをつくる。
③ 揚げ油を170℃に熱し、茄子を揚げる。軽く揚げ色が付き、やわらかくなったら網に取って油をきる。
④ 茄子が熱いうちに、②のたれに漬ける。全体が漬かるように、ときどき上下を返し、しばらく置いて味をなじませる。
※冷蔵庫で半日〜3日ほど漬けると味が染みてさらにおいしい。
⑤ 器に盛って、白髪ねぎをのせる。

これぞ、
定番の茄子。

揚げ浸しには……
大根も。

揚げ浸しに、煮浸しと……なにかと〝浸し〟てしまいます。

穴を開けて揚げた、ししとうも大根と一緒に浸して。

祖母の家に
遊びに行くと、
いつもこんな感じの
朝ごはんだったなぁ。

鯵の干物
ほうれん草の胡麻和え
茄子と鯵のつみれ汁
白いごはん

茄子と鯵のつみれ汁

母の実家は静岡の下田市ですから、鯵は定番。
夏休みなど、祖母の家に泊まりに行くと、
さまざまな鯵料理が出てきました。
いつでも新鮮な鯵が手に入る――
そんな環境だったからこそ、
僕も青魚が好きになったんでしょうね。

◎ **材料**（4人分）

茄子…3本
鯵…2尾
にんじん…50g
長ねぎ…30g
薄力粉…大さじ½
塩…小さじ⅓

A
かつおだし…800㎖
薄口醤油…大さじ2
酒…大さじ1
みりん…大さじ1
塩…小さじ1

おろし生姜…適量
青ねぎ（小口切り）…適量

鯵の干物

祖母の家の冷蔵庫には、
土地柄か、必ず「鯵の干物」があって。
しょっちゅう、朝ごはんに登場していました。

◎ **つくり方**

① 茄子はヘタを取って、皮をピーラーで縞目に3カ所むき、2.5〜3cm厚さに切る。サッと水にさらし、たっぷりの沸騰した湯（分量外）で5分ほど茹でる。やわらかくなったらザルに上げる。すぐに氷水にさらし、冷えたら水気をしっかりとしぼる。

② 鯵は三枚におろし、皮を引いて骨を除く。包丁で粘りが出るまでたたき、ミンチにする。にんじん、長ねぎはそれぞれ細かいみじん切りにする。

③ ボウルに②、薄力粉、塩を入れ、よく混ぜ合わせる。

④ 鍋にAを入れて中火にかける。しっかりと沸いたら、③を8等分にして丸め（つみれ状に）、鍋に入れていく。

⑤ つみれをすべて入れたら、茄子を加えて中火で5分ほど煮る。

⑥ つみれに火が入ったら、器によそう。おろし生姜、青ねぎをのせていただく。

ほうれん草の胡麻和え

すり胡麻、炒り胡麻、ねり胡麻と、
胡麻はいろいろありまして。
市販の素もたくさんありますが、
自分で〝すり鉢でする〟と、
格段においしさがアップします。

◎**材料**（つくりやすい分量）

ほうれん草…1束（200g）
白炒り胡麻…30g
麺つゆ（3〜4倍濃縮）…大さじ1
砂糖…大さじ½
白すり胡麻…適量

a **つくり方**

① 鍋にたっぷりの湯（分量外）を沸かす。ぐらぐらしたら、塩ひとつまみ（分量外）を加える。
② ほうれん草の上を持ち、根元の方を熱湯に入れて10秒、葉まですべて沈めてさらに10秒茹でる。すぐにザルに上げて冷水に取る。
③ しっかりと冷めたら水気をしぼり、5cm長さに切る。
④ すり鉢に白炒り胡麻を入れ、すりこぎでする。全体がねっとりとするまで、根気強くしっかりとする。
⑤ 胡麻の油が出てきて、ねっとりとしてきたら、ほうれん草、麺つゆ、砂糖を加える。菜箸でよく混ぜ合わせ、器に盛る。お好みで白すり胡麻をかける。

胡麻なしに、わが家の味は語れません。

茄子の胡麻味噌和え

◎ **材料**（つくりやすい分量）

茄子…5本
揚げ油…適量
A
赤だし味噌…大さじ3
白すり胡麻…大さじ3
砂糖…大さじ1と½
みりん…大さじ1
白すり胡麻…適量

◎ **つくり方**

① 茄子はヘタを取って、縦半分に切る。皮目に細かく格子状の切れ目を入れる。
② 揚げ油を180℃に熱し、茄子を揚げる。軽く揚げ色が付き、やわらかくなったら取り出して油をきる。
③ ボウルでAを混ぜ合わせる。
④ 揚げた茄子が温かいうちに③のボウルに加え、しっかりと和える。器に盛って白すり胡麻をかける。

「胡麻和え」だけでもおいしいのに、
そこに、赤だし味噌が出会ったら……
そりゃあもう、旨み倍増、
しっとりねっとり、コク深く。
ちょぴっとつまみながら、お酒もクイッ。

豆腐の胡麻汁

炒り胡麻をすり鉢でていねいに、
でも、粘りが出ない程度にすった
ねり胡麻をお味噌汁に加えた、
母が祖母から受け継いだ胡麻汁です。
母のレシピは絹ごし豆腐ですが、

僕は木綿豆腐を
大きめにちぎって使います。

◎**材料**（4人分）

木綿豆腐…1丁
白炒り胡麻…大さじ2
かつおだし…600㎖
味噌…大さじ3
白ねり胡麻…大さじ1

◎**つくり方**

①すり鉢に白炒り胡麻を入れ、すりこぎでする。粘りが〝出ない程度〟の半ずりを目安に、しっとりとするまでする。

②小鍋にかつおだしを入れ、中火にかける。沸いたら味噌を溶かし入れ、木綿豆腐を大きく手でちぎって加える。

③弱火にして、①の炒り胡麻、白ねり胡麻を加える。

④あまりグラグラと煮立てないように火にかけ、豆腐が温まったら火を止める。

ある日の朝食——親父と一緒に。

キャベツのコンビーフ炒め
スクランブルエッグ
トースト
アイスミントティー

◎

材料（2〜3人分）

キャベツ … ¼個（250g）
コンビーフ … 1個
塩 … 小さじ⅓
黒胡椒 … 適量
サラダ油 … 大さじ1

◎

つくり方

フライパンにサラダ油を熱し、5cm大のざく切りにしたキャベツを、芯から強火で炒める。

芯に油が回ったら、葉の部分を加えてさらに炒める。

キャベツがしんなりしたら、コンビーフを加えてほぐしながら炒め合わせ、全体がなじんだら塩、黒胡椒で味を調える。

スクランブルエッグを添えて、トースト、アイスミントティーとともにいただきます。

ミニッツステーキ

小学校高学年のころには、
父のステーキを焼くのは
僕の役目になりました。
フランベして仕上げるのは、
〝レア〟な焼き加減を好んだ
父のために、です。
父は、めったに褒めるタイプではなく、
なかなか「おいしい」と
言ってもらえませんでしたが、
父の的確なアドバイスは、
今でも役立っています。

◎**材料**（1人分）

牛ヒレ肉…1枚（180g）
塩…小さじ¼
黒胡椒…適量
にんにく（薄切り）…大1片
オリーブ油…大さじ1
赤ワイン…適量
わさび…たっぷり

★牛肉は室温に戻して塩、黒胡椒をふる。

◎**つくり方**

フライパンにオリーブ油、にんにくを入れて中火にかける。にんにくがカリッときつね色になるまで炒めたら、取り出す。

フライパンに残った油を強火で熱し、牛肉の両面を中強火で焼く。両面に焼き色が付いたら、赤ワインでフランベし、皿に盛り付け、にんにくチップ、わさびを添える。

バジリコスパゲッティ

ある世代の方には
「懐かしい」と思ってもらえるかも。
日本のイタリアンの先駆的存在である
飯倉片町の「キャンティ」の、
味を目指してつくっています。

◎ **材料**（2人分）

青じそ…10枚
バジル…1パック（15g）
にんにく（横薄切り）…3片分
赤唐辛子（半分に割って種を除く）…2本
オリーブ油…大さじ3
塩…小さじ1
パスタ（スパゲッティーニ）…200g
パルミジャーノチーズ…適量

★ 青じそ、バジルは固い茎の部分を除き、合わせて細かく刻む。

◎ つくり方

【オイルソース】

フライパンにオリーブ油、にんにくを入れ、中火にかける。ふつふつとしてきたら弱火にし、じっくりと揚げる。にんにくがカリッときつね色になったら取り出す（手で砕いておく）。火を止めて赤唐辛子を入れ、そのまま粗熱を取る。粗熱が取れたら、塩、パスタの茹で汁大さじ3を加える。

【パスタ】

鍋に湯（分量外）を沸かし、オリーブ油ひと回し（分量外）を加える。ぐらぐらに沸いたら、パスタを袋の表示時間よりも1分短く茹でる。茹で上がり1分ほど前になったらオイルソースの入ったフライパンを強火にかけて、しっかりと混ぜながら火にかけ、乳化させる。

パスタがゆで上がったらゆで汁をきり、フライパンに加える。パスタとソースを軽く混ぜ合わせ、青じそ&バジルを加えて、さらに手早くしっかりと炒め合わせる。全体が混ざったら、器に盛り付ける。にんにくチップを散らし、パルミジャーノチーズを削りかける。

父、栗原玲児のこと。

物心がついたころには、父はテレビに出ているニュースキャスターでした。よく覚えているのはテレビ朝日の「モーニングショー」。いろいろな時事問題を明朗に解説し、意見している父を、子どもながらに眩しく見ていました。

家庭ではかなり厳格な父だったと思います。いわゆる、昭和の父親像プラスアルファぐらいな感じでしょうか。とにかく躾には厳しく、食事のマナーや歩き方、服装までかなり細かく、さまざまなことを注意された記憶があります。

それから、約束を守ることに関しては特に厳しく、小学生のころ、欲しいプラモデルがあったので「買って欲しい」とお

願いしたところ、珍しく「わかった」と言って1000円をくれました。僕が欲しかったのは900円のプラモデルだったのですが、買いに行く場所は自転車で片道30〜40分かかる遠方で、しかも真冬で極寒の道のり。いざお店に着いてみると、もっと新しいプラモデルが1000円で売っていたので、買っちゃえと思って、買ってしまいました。

来た道をまた戻り、1時間以上かけて家にたどり着くと、開口一番「おつりは?」と聞かれ、事情を説明すると「返してこい」と言われました。欲しかったプラモデルは900円と聞いていたのに、1000円のを買うとは聞いてないと

……愕然としましたね。渋々、また往復1時間以上かけて返しに行った記憶があります。今思えば、お金の大切さと、約束を守る大切さを身体で覚えさせたかったのかなと。自分が今、親の立場で子どもに同じことができるかは正直疑問ですね。

厳しさのいっぽうで、家族を守ることに関しては、社会を敵に回してでも守る、そんな頼れる父でもありました。高校生のころ、バイクで事故を起こし、行政処分を受けるか否かという状況がありました。僕自身は自分に問題はなく、後ろを走っていたバイクが前方不注意で転んでしまっただけだと思っていたのですが、違反切符を切られ、しかも免許停止の処分が下されました。「自分は悪くないのになんで……」とやるせない気持ちでいたところ、父が「お前が心の底から一片の過失もなく今回の件が冤罪だというなら徹底的に闘う」と言い、行政処分不服申し立てを検討してくれました。「一片の過失もないか」と聞かれてしまうと、「あと1秒ウィンカーを出すのが早かったら違ったかな」とかいろいろ考えてしまい、結局、不服申し立てはせずに行政処分を受けました。罪を受け入れることにはなりましたが、父は子どもにきちんと選択させたんですね。あのときの父の姿は生涯忘れないと思います。

小学校高学年ごろから、母が仕事の関係で出張が増え、父と姉と夕食をとることが多くなりました。そのころから、かなりの頻度で僕が夕食をつくっていたのですが、基本、父は褒めてくれませんでした。悔しくて、「次はもっとうまくつくっておいしいって言わせてみせる」――そんな意欲が料理をあきらめることなく続ける原動力になりました。

料理を褒められたのは本当に父の晩年ですね。ここ五年くらいでしょうか。そもそも人を褒めることがなかったのもあるとは思いますが、もしかしたら、僕が料理の道に進むかもしれないと思って厳しくしていたようです。まんまと父の術中にはまったわけですね。

思えば、父ほど強い人に出会ったことはありません。頑固とは違う強固な芯の強さがあるそんな父でした。人に影響されることなく、わが道を臆することなく突き進む、死に直面しても父の心は揺れ動かず、逍遥として死を受け入れていたように思います。

父の、僕への遺言は「お母さんのことをくれぐれも頼む」でした。父の遺言通り、母をかたわらで、そっと見守り続けるつもりです。時々、夢に父が出てきて猛烈に怒られることがあります。そんなときは沈んだ気持ちと同時に、父に「お前はまだまだだ」と言われている気がしてなりません。

父の愛用品は今、僕が身に付けています。

炊き込みごはんをつくると……
わが家では「ドリア」になるんです。

炊き込みごはんのドリア

母がよくつくってくれて、大好きなメニューです。
今は、あまった炊き込みごはんとか混ぜごはんとかをなんでもドリアにして、よく息子に出しています。

◎ **材料**（4人分）

【五目炊き込みごはん】

米…2合
にんじん…50g
ごぼう…50g
舞茸…50g
こんにゃく…70g
油揚げ…1枚
A
薄口醤油…大さじ2
酒…大さじ1
みりん…大さじ1
塩…小さじ1
かつおだし…適量

【ベシャメルソース】

玉ねぎ（みじん切り）…100g
牛乳…200mℓ
生クリーム…200mℓ
薄力粉…大さじ4
バター…20g
塩…小さじ1と1/2
黒胡椒…適量
ピザ用チーズ…50g

◎ **つくり方**

① **【五目炊き込みごはん】**をつくる。米は洗ってザルに上げる。
② にんじんは2cm長さ5mm幅の短冊切りにする。ごぼう、こんにゃく、油揚げはにんじんの大きさに合わせて切る。舞茸は細かくほぐす。
③ Aをすべて合わせて、かつおだしを加えて350mℓの調味液をつくる。
④ 炊飯器に米を入れて、②の具材をのせ、③の調味液を注ぎ入れてふつうに炊く。
⑤ **【ベシャメルソース】**をつくる。フライパンに玉ねぎ、バターを入れて中火にかける。バターが溶けたら薄力粉を加えて炒め合わせる。
⑥ 粉気がなくなったら、牛乳を加える。木べらで混ぜながら加熱し、全体がなじんだら生クリームを加える。とろみがつくまで煮詰める。
⑦ とろりとしたら塩、黒胡椒を加えて混ぜ、火を止める。
⑧ 耐熱容器に五目炊き込みごはんを詰めて、ベシャメルソースを表面全体にかける。
⑨ ピザ用チーズをのせて、オーブントースターで10〜15分ほど焼く。チーズが溶け、こんがりと焦げ目が付いたら取り出す。

鮭の南蛮漬け

これまた、幾度となく食べ続け、
つくり続けている定番中の定番です。
ほんのり酸っぱい南蛮漬けの
鮭はむろんおいしいのですが、
その旨みを吸った千切り野菜が最高なのです。

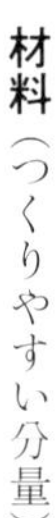

◎ 材料（つくりやすい分量）

生鮭…3切れ
塩…小さじ⅓
黒胡椒…適量
薄力粉…大さじ2
揚げ油…適量
玉ねぎ…100g
セロリ…100g
にんじん…100g

A
かつおだし…200㎖
醤油…大さじ4
砂糖…大さじ4
すし酢…大さじ2
ゆず果汁…大さじ1
赤唐辛子（小口切り）…小さじ1

生姜（千切り）…1片分
ゆずの皮…適量

◎ つくり方

① 鮭は食べやすい大きさに切り分けて、骨は取り除く。塩、黒胡椒をふり、薄力粉をまぶす。
② 玉ねぎは繊維に沿って薄切りにする。セロリは筋を取って5㎝長さの千切り、にんじんは5㎝長さの千切りにする。
③ バットにAを混ぜ合わせて漬け汁をつくる。
④ 揚げ油を180℃に熱し、①の鮭を揚げる。カリッと揚がったら網に取り、油をきる。
⑤ 鮭が熱いうちに、③に漬ける。まんべんなく漬かるように平たく並べる。
⑥ ②の野菜を、バットに広げるように鮭にのせる。
⑦ 生姜、ゆずの皮を散らし、軽く手で押さえながら落としラップをする。冷蔵庫で2時間以上寝かせて、味をなじませる。

詳細レシピ本邦初公開

祖母の味といえばの「鯵寿司」

参考にしたのは“自分の舌”の記憶と、20年ほど前に出た、祖母と母の共著『覚えておきたい母の味』。

◎**材料**（つくりやすい分量）

豆鯵…20尾（約350g）
塩…大さじ1と½
酢…300mℓ
すし酢…200mℓ
温かいごはん…3合分
すし酢…90mℓ
砂糖…大さじ½
生姜の甘酢漬け…適量

◎ **つくり方**

①豆鯵は目玉を取り除き、ゼイゴ、背びれを取る。腹側に包丁を入れて中骨に沿ってすべらせ、開く。
②内臓やエラなどを丁寧に取り除き、流水で洗う。水気をしっかりと拭き、バットに並べて塩をまぶす。ラップをして冷蔵庫でひと晩置く。
③翌日、流水で塩をしっかりと洗い流す。密封袋に入れ、酢を加えて、2時間ほど漬ける。
④鯵の身の色が白っぽく変わったら、キッチンペーパーで酢をふき取る。身を崩さないように注意しながら、中骨をはずす。
⑤バットに並べ、すし酢をかける。落としラップをして3時間ほど漬ける。
⑥温かいごはんにすし酢、砂糖を混ぜ合わせ、酢めしをつくる。木箱の大きさに合わせて、3口大くらいの俵形にきゅっと握る。濡らしたふきんをかぶせて、冷ます。
⑦鯵のすし酢を軽く拭き取り、⑥の酢めしにのせる。木箱に詰め、生姜の甘酢漬けをのせる。

⑧木箱の蓋をして重し（わが家では鉄鍋を重し代わりに）をのせ、2時間ほど置く。鯵と酢めしがなじんだら、木箱から取り出す。

ちらし寿司の人気も上々。
すっかり、わが家の定番です。

母の
鯵のちらし寿司

祖母の
五目寿司

鯵のちらし寿司

鯵の干物を焼いて、
ほぐした身を主役にした混ぜ寿司です。
香ばしい鯵と、
生姜や茗荷、青ねぎの
シャキッとしたアクセントで
何度もおかわりしたくなりますよ。

◎ **材料**（2〜3人分）

鯵の干物…2枚
温かいごはん…400g
すし酢…大さじ3
生姜…1片
茗荷…2本
青じそ…5枚
青ねぎ（小口切り）…適量
白炒り胡麻…適量
青ゆず（くし形切り）…適量

◎ **つくり方**

① 鯵の干物は、網や魚焼きグリルで焼く。パリッと焼けたら粗熱を取り、骨を取って身を粗くほぐす。

② 生姜、茗荷はみじん切りにする。青じそは千切りにする。

③ しゃもじでさっくりと混ぜながら、温かいごはんに少しずつすし酢を加える。生姜、茗荷を加えてさっくりと混ぜ合わせ、器に盛る。

④ ③にほぐした鯵、青ねぎ、青じそを順にのせる。白炒り胡麻をかけ、青ゆずをきゅっとしぼりかけていただく。

五目寿司

〝五目〟のひとつひとつを
しっかりと煮含めた、
昔ながらの定番メニュー。
たっぷりの錦糸卵が
彩りに花を添え、
つくるたび、口にするたび、
ああ、祖母の味だ……と
懐かしくなります。

◎ 材料（4人分）

にんじん…100g
かんぴょう…10g
干ししいたけ…15g
ぬるま湯…200㎖
油揚げ…1枚

A
かつおだし…100㎖
醤油…大さじ4
砂糖…大さじ1と1/2
酒…大さじ1
みりん…大さじ1

れんこん…100g

B
水…100㎖
酢…100㎖
砂糖…大さじ1
塩…小さじ1/2

たまご…2個
砂糖…小さじ2
酢めし…2合分
紅生姜…適量

◎ つくり方

① にんじんは3cm長さに切り、5mm幅の千切りにする。かんぴょうは熱湯で5分ほど茹で、水気をきって1cm幅に切る。干ししいたけはぬるま湯で戻し、2〜3mm厚さに切る。油揚げは油抜きをして、3cm長さ、1cm幅の短冊切りにする。

② 鍋にAを入れて中火にかける。沸いたらかんぴょう、干ししいたけを加えて2分煮る。油揚げを加えてさらに2分煮て、にんじんを加える。煮汁がなくなるまで煮含めて火を止め、そのまま冷ます。

③ れんこんは2〜3mm幅の半月切りにして、水にさらす。小鍋にBを入れて中火にかけ、沸いたられんこんを加える。1分30秒ほど煮含め、火を止める。粗熱を取り、冷蔵庫で冷やす。

④ ボウルにたまごを割り入れ、砂糖を混ぜ合わせる。フライパンにサラダ油（分量外）を熱し、たまごを流し入れて薄く焼く。2〜3枚ほどを重ねて細く切り、錦糸卵をつくる。

⑤ ボウルに酢めしを入れ、②を加えてさっくりと混ぜる。しっかりと混ざったら、③を加えてさらに混ぜる。

⑥ 器に盛り、紅生姜、錦糸卵をのせる。

千切りが好きすぎて。

気がつくと、なんだかいつも千切りが。
なるべく細く、均一に。
母の千切りは、もっともっと細い！

五目なます

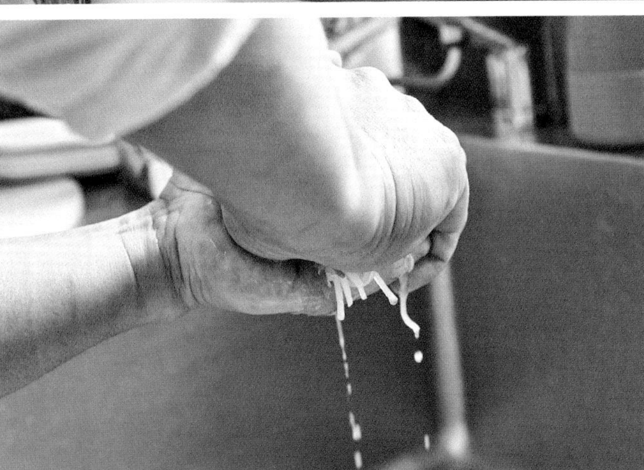

母が、「母なます」と呼んでいる、
栗原家のスタンダードな、なますです。
母の母ですから、僕にとっては「祖母なます」。
ここでも〝胡麻〟が大活躍。
酸味のなかに、まろやかなコクをまとわせています。

◎ **材料**（つくりやすい分量）

大根…800g
にんじん…150g
塩…小さじ2
干ししいたけ…15g
ぬるま湯…200㎖
油揚げ…1枚

A
かつおだし…50㎖
醤油…大さじ2
しいたけの戻し汁…大さじ1
酒…大さじ1
みりん…大さじ1
砂糖…大さじ½

白炒り胡麻…大さじ5
酢…大さじ3
醤油…大さじ2と½
砂糖…大さじ2と½

◎ **つくり方**

① 大根、にんじんは5㎝長さに切り、2〜3㎜幅の細い千切りにする。大根、にんじんを合わせてボウルに入れ、塩をまぶして20分ほど置く。しんなりしたら、水気をしっかりとしぼる。

② 干ししいたけはぬるま湯で戻し、2〜3㎜厚さに切る（戻し汁は取っておく）。油揚げは5㎜幅に切る。

③ 小鍋にAを入れて中火にかける。沸いたら油揚げ、干ししいたけを加えて煮る。煮汁がなくなるまで煮含めて、火を止める。

④ すり鉢に白炒り胡麻を入れ、すりこぎでする。粘りが出ないくらいの半ずりを目安に、しっとりとしてきたら、酢、醤油、砂糖を加えてよく混ぜる。

⑤ ④に①と③を加え、よく混ぜ合わせる。具材すべてにしっかりと味がからんだら、器に盛る。

きゃらぶき

毎年、季節になると、
ふきをたくさんいただきます。
それこそ両手で抱えきれないくらいに。
そのときに決まってつくるのがこれ。
今回は季節が合わなかったので、
水煮のふきを使いましたが、
いただいたときは、下茹でしたら
ひたすら筋を取る、
という地道な作業を
妻と続けています。

◎ **材料**（つくりやすい分量）

ふき（水煮）…600g
A
かつおだし…200㎖
醤油…150㎖
酒…100㎖
みりん…100㎖
砂糖…大さじ5
白炒り胡麻…適量

◎ **つくり方**

① ふきは水気をきり、5㎝長さに切る。
② 鍋にAを入れて中火にかける。沸いたらふきを加え、落とし蓋をして中弱火で40分煮含める。
③ 水分が少なくなったら、落とし蓋を外す。ときどき混ぜながら、中弱火で10～15分ほど煮て、水分を飛ばす。
④ 水分が完全になくなり、艶が出たら火を止める。器に盛って白炒り胡麻をかける。

肉団子とトロトロ白菜の鍋

冬ともなれば、
何度も登場する栗原家の人気鍋。
鶏の肉団子は大きめにした、
しっかり食べごたえのあるレシピです。

◎ **材料**（つくりやすい分量）

A
- 鶏ひき肉…300g
- 長ねぎ（みじん切り）…30g
- 生姜（みじん切り）…1片分
- たまご…1個
- 薄力粉…大さじ½
- 塩…小さじ½
- 黒胡椒…適量

白菜…¼個
緑豆春雨…45g
水…1200㎖
酒…大さじ2
鶏がらスープの素（ペースト）…大さじ1
塩…小さじ1
黒胡椒…適量
食べるラー油…適宜

◎ **つくり方**

① ボウルにAを入れ、粘りが出るまで手でよく混ぜて8等分にする。

② 白菜は3㎝幅に切る。鍋に湯（分量外）を沸かし、沸いたら春雨を入れて火を止める。3分置いてザルに上げ、水気をきる。

③ 鍋に水、酒、鶏がらスープの素を入れて中強火にかける。スープが沸いたら、①を丸くまとめて鍋に入れ、アクを取りながら煮る。

④ 肉団子に火が入ったら、白菜、塩を加えて煮る。

⑤ 白菜に火が通ったら春雨を食べやすい長さに切って加え、5分ほど煮る。黒胡椒をたっぷりとふり、器によそっていただく。お好みで、食べるラー油をのせていただいてもおいしい。

母、栗原はるみのこと。

母は、僕が小さなころから完璧主義。でも、ちょっと抜けているところもあって、わが母ながらチャーミングな女性です。父とは真逆な性格で、栗原家は激しい父と姉、穏やかな母と僕という二極化でありながらも、正反対すぎてバランスが取れていたのだと思います。

子どもに対しては、たとえば、父が怒ると母がフォローするというような一般的な構図だったように思いますが、教育面では父がモラルや社会通念上の常識、母が人への思いやりや、やさしさなど精神衛生面を担っていたように思います。

僕が小学校の低学年くらいから、母の料理家としての仕事が増え、家での撮影が多くなったと思います。撮影前後には試作した新しい料理が食卓にならび、いつも母に感想を聞かれ、父はかなり辛辣な言葉で評価し、子どもたちもそれにつられて厳しい意見を母に向けていたような気がします。

今思えばなんて勝手な子どもたちだったのだろうと思いますが、母は常日頃から料理の評価をきちんと受け止める姿勢を大事にしてくださいと、読者の方や視聴者に話していたので自分自身がそれを一番実践していたのかもしれません。

小学校高学年くらいになると母は地方局の仕事で出張が増え、父と子どもたちだけで過ごすことが増えました。そんなときも常備菜は欠かさず母がつくり置きしていてくれたので、メインの料理を父がつくってくれれば、かなり豪華な晩ごはんを食べていたと思います。

いわゆる鍵っ子だったと思いますが、不思議と寂しいと感じたことはありませんでした。食に満たされていたからなのかもしれません。母が出張や不在の際に限って、子どもたちの好物をつくり置きしてくれていたので、今日のごはん、何かおかしい？　とか手抜き？　とか感じた記憶は、いっさいありません。

基本的に母は、僕が子どものころからあまり変わらない人だと思います。自分を犠牲にしても家族が幸せになれば、それで自分の幸せに還元できる人です。実際にベストセラーになった『ごちそうさまが、ききたくて。』と『もう一度、ごちそうさまがききたくて。』は、栗原家のリアルな食事でした。手間を惜しまず、さもない工夫やほんのひと手間を掛けるだけで食卓や暮らしが豊かになる。そんな母の真実がベストセラーになった理由ではないかと思います。

　２０１９年の８月に父が亡くなって、母は、一時自分の生きる意味を見失っていました。やはり母の仕事や暮らしへの意欲は、父や家族の幸せだったんですね。しばらくは、泣いている母を傍らで支えながら、ただただ時が過ぎるのを待っていました。どんなにやさしい言葉をかけようと、父を失った悲しみは母にしかわからないからです。最近になってやっと元気を取り戻しつつあるような気がします。周りの大勢の人に温かく見守られながら、自分のいる場所をきちんと整理しつつあるように思います。

　息子としては、父を失った悲しみを背負ったまま涙にくれた人生を過ごすのではなく、「自信をもって生き抜いたぞ、精いっぱい楽しんだし幸せだった」と思える人生を送ってもらいたいと心から願っています。

　いつまでも元気に、母にしかできない仕事を続けてもらいたいです。

写真提供＝主婦と生活社

姉のこと。

僕には三歳上の姉がいます。料理家でありながら魚屋も経営している、栗原 友です。性格は父譲りでとても芯が強く、父、亡きあと、栗原家最強の人物といえば、この姉です。子どものころから現在にいたるまで上下関係は変わらず。ままごとをすれば、僕は犬の役を命じられる。買い物に行けば、置いてけぼりにされる……など大変に虐げられた記憶が残っています。

小さなころから流行に敏感で、常に時代の先を行く姉でした。父とも美的感覚が近かったようで、ファッションに関してはふたりとも本当におしゃれでしたね。今、姉は髪の毛をピンクに染め、ユニークな格好で現れるのでたまに驚かされます。

そんな姉が、父の闘病期間中に乳がんを発症しました。父の身体を気遣いながらも、自分の身体を蝕む病気とも闘っていたと思うと、弟としてやるせない気持ちになります。再発の確率がかなり高い状況だったので、自ら決断し乳房を切除しました。女性にとってこれほど厳しい決断はないと思いますが、姉は「一日だけ泣く」と決めて、気持ちを切り替えたと言っていました。悲しみが溢れて当然なのに、そんな様子はいっさい見せず、抗がん剤で抜けた髪の毛を笑顔で見せてくれました。

正直、それまで姉の強さは、ただの強がりだと思っていましたが、姉は本当に強い人間でした。

これからは何が起きても後悔のないように生きると宣言して、さまざまなことに挑戦しているようです。手前味噌ですが、魚屋、飲食店、料理家と、持ち前のユニークさとアイデンティティで、今までになかった栗原友ワールドが大きく花開くときが来るような気がしています。弟として姉の成功を願ってやみません。

「今のわが家の定番ばかりです」

◎いつものレシピ
◎おもてなしレシピ
◎息子の好物

料理をつくるときに大切にしていること。

僕が料理をつくるときは、相手の好みがわかれば、好きな食材や調理方法、ジャンルに合わせて料理をつくります。わからないときはいろいろなジャンルを織り交ぜて提供するようにしています。家族の場合は子どもがまだ小さいので、好きなものばかりで偏らないよう、あえて苦手なものを出すこともあります。

料理をつくるということは、喜んでもらうということ。独りよがりでは、喜んでもらえません。僕はプロの料理人ではなく、家庭料理を考える人です。家庭料理で一番大事なのは、相手のことを慮ることです。ふだんの好き嫌い、味の濃淡、体調や季節性を全部加味したうえで、家族が今、どういう状態にいるか確認して料理をつくるようにしています。

難しく聞こえますが、ふだんから家族を見ていれば自ずとわかることで、夕食の献立を考える際に、いつも考えながら進めています。

たとえば、今日は子どもがサッカーで遅くまで練習だから、お肉料理にしよう。唐揚げがいいかな？　でも夕食が遅くなって消化に悪そうだからシューマイにしようとか。先週末は焼き肉だったから、週のはじめは魚中心で月曜日はお刺身、火曜日は煮魚とか。そういう暮らしのサイクルとともに、僕の料理はあるのかもしれません。

まるから揚げ

とあるバーでいただいて。
その、から揚げにヒントを得た
〝今の〟栗原心平を
代表するレシピかもしれません。

◎ **材料**（つくりやすい分量）

鶏むね肉 … 1枚（300g）

A 醤油 … 大さじ1と½

酒 … 大さじ1

みりん … 大さじ½

砂糖 … 小さじ1

ごま油 … 小さじ1

にんにく（すりおろし）… 1片分

生姜（すりおろし）… 1片分

片栗粉 … 適量

揚げ油 … 適量

レモン（くし形切り）… 適量

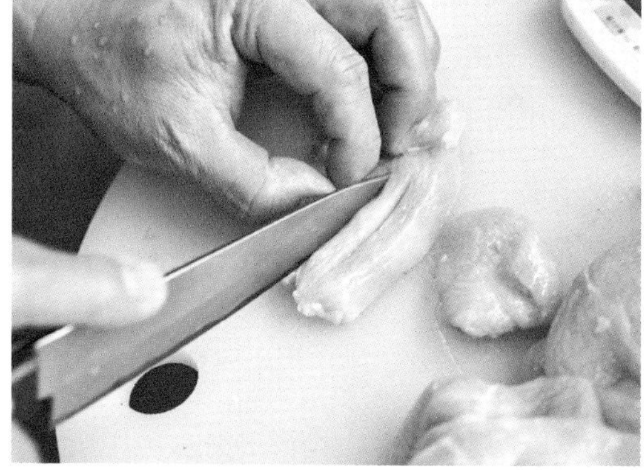

◎ つくり方

① 鶏肉は皮を取り除き、厚さ1cmのそぎ切りにする。
② 鶏肉に切れ目を入れる。縦に2〜3本入れ、もみじのような形にする。
③ ボウルに鶏肉、Aを入れてもみ込み、片栗粉大さじ5を加えて混ぜ込む。
④ 鶏肉の棒状になった部分を巻きつけるように丸く成形し、まわりに片栗粉をまぶす。
※手で握るようにして丸くする。
⑤ 揚げ油を180℃に熱し、④をカリッと揚げる。器に盛り、レモンを添える。

おひたしさえあれば……

つるむらさきの出汁浸し

うちには、必ずなにかしらの
「おひたし」が冷蔵庫にありますね。
白いごはんに
ちょっとだけのせてもいいですし、
当然、お酒との相性もいい。
煮ては浸す、揚げては浸す……
地味かもしれませんが、
間違いなく、わが家の定番選手です。

青菜であれば、
まあ、なんでも漬けてしまいます。
アスパラやオクラもおすすめ。
はい、よくやっています。

◎ **材料**（つくりやすい分量）

つるむらさき … 1袋（150g）

A かつおだし … 400mℓ
薄口醤油 … 大さじ1と½
酒 … 大さじ1
みりん … 大さじ1
塩 … 小さじ1

削りがつお … 適量

◎ **つくり方**

① 小鍋にAを入れて中強火にかける。沸いたらそのままひと煮立ちさせ、火を止める。粗熱を取り、冷蔵庫でしっかりと冷やす。
② つるむらさきは下の固い部分を除く。
③ 鍋に塩ひとつまみを入れた湯（分量外）を沸かす。しっかりと沸いたら、つるむらさきの上を持ち、茎の部分のみを入れて20秒茹でる。葉まで全体を入れて、さらに15秒茹でる。
④ すぐに氷水にひたして冷やす。5cm長さに切り、手でしっかりと水気をしぼる。
⑤ ①のだし汁に、つるむらさきを加えて2時間以上漬ける。

舞茸ステーキ

◎ **材料**（2人分）

舞茸 … 200g
にんにく … 大1片
醤油 … 大さじ1
バター … 5g
サラダ油 … 大さじ1
青ねぎ（小口切り）… 適量

◎ **つくり方**

① 舞茸は大きめの房に分ける。にんにくは縦薄切りにする。
② フライパンにサラダ油を熱し、にんにくを中火で炒める。カリッときつね色になったら、にんにくを取り出す。
③ フライパンに残った油を熱し、舞茸を並べ入れて強火で焼く。こんがりと焼き色がついたら、返して両面を焼く。
④ 舞茸の中心まで火が入り、くったりとしたら、バター、醤油を加える。手早く炒め合わせ、舞茸にバター、醤油がからんだら器に盛る。
⑤ ②のにんにくチップを砕いて散らし、青ねぎをたっぷりとのせる。

ただただ“焼くだけ”。
素朴な料理だからこそ、
細部にこだわりたい。

黒酢肉団子

気がつけば、ひき肉を使ったレパートリー、
とても多いかもしれません。
うちの肉団子は大きくて、
お弁当メニューとしても人気なのです。

表面をこんがりと揚げて、
中までしっかりと火を通した肉団子。
餡をかけず、そのまま頬張っても
おいしいですが、
トロトロの黒酢餡をまとわせて、
芳醇な香りが漂う、
つやつやと輝くごちそうです。

◎ **材料**（3〜4人分）

A 豚ひき肉 … 400g
　玉ねぎ（みじん切り） … 50g
　たまご … 1個
　薄力粉 … 大さじ1
　塩 … 小さじ½
　黒胡椒 … 適量
片栗粉 … 適量
揚げ油 … 適量
ピーマン … 2個
B 黒酢 … 50mℓ
　砂糖 … 大さじ2
　醤油 … 大さじ1と½
　オイスターソース … 小さじ2
サラダ油 … 大さじ½

◎ **つくり方**

① ボウルにAを入れ、粘りが出るまで手でよく混ぜ合わせる。8等分に分けてボールのように丸くまとめ、片栗粉をまぶす。
② 揚げ油を170℃に熱し、①を5分ほど揚げる。軽く色が付き、肉に火が入ったら、網に上げて油をきる。
③ ピーマンはヘタを取って種をくり抜き、1.5cm厚さの輪切りにする。
④ フライパンにサラダ油を熱し、ピーマンを中火で炒める。ピーマンに焼き色が付きはじめたら、②の肉だんご、混ぜ合わせたBを加える。
⑤ 絡めるようにしっかりと中強火で炒め合わせる。とろみがつき、具材に調味料が絡んだら、火を止めて器に盛る。

レモンシーザーサラダ

パッと一瞬でできるので、
おもてなしの前菜に
よくつくります。

◎ **材料**（2〜4人分）

ロメインレタス … 200g
A マヨネーズ … 大さじ2
レモン果汁 … 大さじ1
牛乳 … 小さじ2
フレンチマスタード … 小さじ1
パルミジャーノチーズ … 15g
黒胡椒 … 適量
レモンの皮 … 適量

◎ **つくり方**

① ロメインレタスは根元を洗って水にさらし、サラダドライヤー（＊水切り器）で水気をしっかりときる。食べやすい大きさに切り、直前まで冷蔵庫で冷やしてシャキッとさせておく。
② ボウルにAを入れて混ぜ合わせ、パルミジャーノチーズを削り入れ、黒胡椒を加える。よく混ぜて味を見て、足りなければ塩（分量外）で調える。
③ ②のボウルにロメインレタスを加え、大きく混ぜて和える。器に盛り付け、パルミジャーノチーズ（分量外）、レモンの皮を削りかける。

鯖の味噌煮

母の実家の下田は海の近くですから、祖母の魚料理が絶品でした。母が、祖母流の少し甘めの味つけでつくってくれたこの味噌煮は、僕にとっても思い出の味です。

◎ **材料**（2〜4人分）

鯖（フィレ）… 2枚（1尾分）
生姜 … 40g
A 水 … 100mℓ
酒 … 100mℓ
みりん … 大さじ2
味噌 … 大さじ3
砂糖 … 大さじ2
醤油 … 大さじ1

◎ **つくり方**

① 鯖は1枚を半分に切り、それぞれの皮目に×の切り込みを入れる。生姜は皮をむいて薄切りにする。
② 小鍋にAを入れて中強火にかける。2〜3分ほど煮立てて、アルコール分が飛んだら、味噌、砂糖、醤油を加える。
③ 煮汁が沸いたら鯖を並べ入れ、生姜をのせる。落とし蓋をして中弱火で10〜15分ほど煮る。
④ 煮汁が少なくなってとろりとしたら、火を止めて器に盛る。生姜も一緒にいただく。

栗原家のおでん

◎**材料**（つくりやすい分量）

大根…900g
水…1500mℓ
塩…大さじ1
鶏手羽先…8本
さつま揚げ…8個
ちくわ…6本
結び白滝…10個
焼き豆腐…2丁
はんぺん…2枚
ゆでたまご…4個
かつおだし…2000mℓ
酒…100mℓ
塩…大さじ1

A
薄口醤油…100mℓ
みりん…大さじ3
砂糖…大さじ3
塩…小さじ1

和辛子…適宜

うちのおでんは、
大根を食べるためにあります（笑）
なぜなら……母が大根好きだから。
深い鍋にたくさんつくって、
初日、二日目、三日目といただくのです。

◎つくり方

①大根は厚めに皮をむき、3cm厚さの半月切りにする。鍋に水、塩を入れて火にかける。しっかりと沸いたら大根を加え、中火で20分ほど茹でる。竹串で大根をさして、スッと入るくらいになったらザルに上げる。

②鶏手羽先は骨と骨の間に内側から包丁を入れ、軟骨を断ち切る。ちくわは斜め半分に、焼き豆腐は食べやすい大きさに切る。はんぺんは4等分の三角形に切る。

③厚手鍋に大根、手羽先、かつおだし、酒、塩を入れて中強火にかける。煮汁が沸いたら、少しだけ開けて蓋をして弱火で1時間煮る。

④結び白滝、焼き豆腐、ゆでたまご、Aを加え、少しだけ開けて蓋をしてさらに30分煮る。

⑤大根にしっかりと味が染みていたら、ちくわ、さつま揚げ、はんぺんを加え、ひと煮立ちさせる。器によそい、お好みで和辛子を添える。

器のこと。

仕事もあって、器が大好きです。
作家物であるとか、
価値ある骨董であるとか、
そういった謂れはさておき、
いいなと思ったものが集まってきた、
という感じでしょうか。
酒好きですから、酒器も当然、
たくさんありまして。
どれもが気に入りばかりですが、
ルーマニアでつくったワイングラスは
大切な宝物です。

チキンソテー
ケチャップバターソース

いつものチキンソテーも、
ちょっといい器に盛り付けて、
特製のソースをとろり……
ほら、おもてなし感満載ですよね？
ケチャップとバターって
すごく相性がいいんです。
お肉の味を引き立ててくれますよ。

◎ **材料**（1人分）

鶏もも肉 … 1枚
塩 … 小さじ⅓
黒胡椒 … 適量
にんにく … 1片
オリーブ油 … 小さじ1
ケチャップ … 大さじ2
バター … 3g
水 … 小さじ1

◎ **つくり方**

① 鶏肉は常温に戻し、身の厚い部分を筋切りする。塩、黒胡椒で下味をつける。
にんにくは縦半分に切る。
② フライパンにオリーブ油を熱し、鶏肉の皮目を下にして入れる。にんにくを加え、蓋をして強火で焼く。
③ 皮目がきつね色になったら返して中火にし、蓋をしてさらに焼く。
④ 全体に火が通ったら、蓋を外して再び皮目を焼く。皮目がカリッとしたら、器に盛る。
⑤ ④のフライパンにケチャップ、バター、水を加える。混ぜながら中弱火にかけ、とろりとソースになったら火を止めてチキンソテーにかける。

鰯が好きで好きで、大好きで。
そう言い続けていたら、
"いわし大使"に任命いただきました。

登場頻度の高い
鰯トリオ！

鰯の梅煮

鰯の一夜干し

鰯の酢なめろう

鰯の梅煮

◎ **材料**（3〜4人分）

鰯 … 6尾
梅干し … 3個
生姜（薄切り） … 2片分
みりん … 100mℓ
酒 … 50mℓ
醤油 … 50mℓ
砂糖 … 大さじ2

◎ **つくり方**

① 鰯はうろこが付いていたら落とし、頭と内臓を取り除く。氷水でよく洗い、血が取れたら水気を拭き取る。
② 鰯の両面に斜めに3本ずつ切れ目を入れる。
③ フライパンにみりん、酒を入れて中火にかける。しっかりと沸騰させてアルコール分が飛んだら、醤油、砂糖を加える。
④ 砂糖が溶けたら、鰯、梅干しを並べ入れ、鰯を覆うように生姜をのせる。
落とし蓋をして、中弱火で10分ほど煮る。
⑤ 煮汁が少なくなり、こっくりと煮えていたら、器に盛り付ける。

鰯の一夜干し

◎ **材料**（つくりやすい分量）

鰯 … 1尾
塩 … 小さじ1/4
大根おろし … 適宜
醤油 … 適宜

◎ **つくり方**

① 鰯は両面に3本ずつ切れ目を入れ、塩をまぶす。
② バットに網を置き、鰯をのせる。ラップはせずに、そのまま冷蔵庫でひと晩置く。
③ 表面が乾いたら、焼き網や魚焼きグリルで焼く。器に盛り、醤油をかけた大根おろしを添える。

鰯の酢なめろう

◎ **材料**（2～4人分）

鰯 … 4尾
A 生姜（みじん切り）… 大1片分
　茗荷（みじん切り）… 1本分
　味噌 … 小さじ1
すし酢 … 大さじ4
青ねぎ（小口切り）… たっぷり

◎ **つくり方**

① 鰯は三枚におろし、骨を除いて皮を引く。氷水で洗ってしっかりと冷やし、水気を拭く。
② 切り身をまとめてまな板にのせ、骨を断ち切るイメージで粗く刻む。まとめて包丁でたたく。
③ 身が細かくなったらAを加え、包丁の腹を使って混ぜ合わせながらさらにたたく。
④ 器に盛り、すし酢大さじ2をかけてふんわりとラップをし、冷蔵庫で30分ほど漬ける。
⑤ 鰯の身が白っぽくなっていたら、漬けていたすし酢を捨てる（生臭さがすし酢に移るので）。食べる直前に、新しいすし酢大さじ2をかけ、青ねぎをのせる。

家族のこと、うちのこと――妻と息子と猫との暮らし。

妻（美由紀）と小学四年生の息子（廉平）との三人暮らしで猫が二匹（讃と宇佐）います。家事分担は僕が料理全般とお風呂掃除担当で、ほかの家事は全部妻がやってくれています。よく「几帳面で洗濯物たたむのとか好きそう」って言われるのですが、家事で一番苦手なことは洗濯物をたたむことです。なんでも自分でやってしまうので正直あまり手のかからない夫だと思いますけど、妻がどう思っているかはわかりません。

　家族のあり方はそれぞれの家庭で異なると思いますが、僕が一番大事にしていることは、当たり前ですが、一緒に食卓を囲む時間をできるだけつくることです。僕の父が、夕食の時間をとても大切にする人で、食べ終わって先に部屋へ行ってしまうと怒られるぐらいでしたから。

　夕食は息子から学校での出来事を聞いたり、妻からご近所さんのことを聞いたり、僕が仕事のことを話したりと、家族間で情報を共有する貴重な時間です。その時間があるから息子の精神状態もなんとなくわかるようになるし、妻のストレスも理解できます。

　家族って、おのおのの異なるルーティンで成立しているので、どこかでそういう時間がないと何をしているかわからなくなっちゃいますよね。

　夕食は僕がつくりますが、子どもの好

きな食べ物の日、妻が好きな食べ物の日、僕が好きな食べ物の日、全部ごっちゃ混ぜの日というように自分の中で、いろいろ工夫しています。正直夕食をつくっているときが、料理をしている時間で一番楽しいかもしれません。子どもの「世界一おいしい」という言葉を聞くと、疲れも吹っ飛びますね。

　それから、どんな些細なことでも御礼を言うことを心がけています。家族だと何かしてもらうことが当たり前になっちゃいますが、当たり前じゃないですよね。子どもに何かを取ってきてもらったらありがとう。妻がマウスピース用の洗浄剤を買い置きしておいてくれたらありがとう。子どもにも御礼の大切さをきちんと伝えていきたいです。親しき仲にも礼儀あり。当たり前のことを当たり前だと思うと、なんだか人間が尊大になりそうな気がします。

　これから、子どもが成長して、僕らも年を取り、一緒に過ごす時間も短くなっていくのかもしれませんが（まだ、この感慨は早いかもしれません）、今と変わらずみんなが夕食の時間を大切に思い、男親の共通した願望だと思いますが、親子で一緒にお酒を酌み交わしながら近況を語る。そんな日が来ることを夢に見ています。

　僕の子育て論は、いたってシンプルです。嘘をつかないこと。約束は守ること。この、ふたつにすべてが集約されています。人となりって成長していく過程で身につくものだと思うのですが、このふた

つを大事にしていれば、人に信頼されるし、自分の行いも振り返れる気がします。大人になれば嘘も方便だし、どうしても約束が守れないこともあると思いますが、大事にする気持ちは相手にも伝わることだと思うので大切にしてもらいたいと思っています。

そして、嘘も約束も裏を返せば、相手のことを慮るということだと思います。子どもはその場から逃れるために、結構平気で嘘をつきます。そんなときは、その嘘で傷ついた人がいることを説明し諭します。うちの子がどんな大人になるかわかりませんが、人に信頼され、たくさんの人と悲しみや喜びを共有できる、そんな大人になってほしいと思っています。

僕はいわゆる教育パパではありません。自分がテストで赤点取りまくっていたので、偏差値の重要性をあまり感じないのかもしれませんが、いわゆる社会的エリートになってもらいたいと願っているわけではありません。自分自身が地に足をつけて、この仕事で生きて行く、って決められる仕事に出会えればいいと思っています。ただし、その仕事に出会えるチャンスも自分次第なので、可能性を広げるためにも多くの経験を積んでもらいたいと思います。

うちの子は好きなことには前向きで、はじめて経験することや苦手なことに関しては、かなり消極的です。そんなとき、そっと背中を押してもなかなか前に進めないことが多いので、強引に連れていくこともあります。いざやってみれば食わず嫌いだったことって結構多いですよね。いろいろなところを見て、さまざまなことを経験し、多くの人と出会うことで世の中の理（ことわり）が理解できるし、人間の多様性に関しても理解できるようになると思っています。

偉そうに教育論を語っても、僕も未熟な親なので、詰まるところは息子が大人になって、どんな環境にあっても、幸せを見つけられる人になってくれればそれでいいような気もしています。幸せであればそれでいいです。

息子の好きな煮込みハンバーグ

その名の通り、うちの息子の大好物です。
僕が両親にしてもらったように、
いろいろ食べさせていますが、
一番の好物は、このハンバーグだそう。
そろそろ、違うメニューも好きになってほしいなぁ。

◎ **材料**（2〜4人分）

A 合いびき肉 … 400g
たまご … 1個
薄力粉 … 大さじ1
ナツメグパウダー … 小さじ½
塩 … 小さじ½
黒胡椒 … 適量
パン粉 … 大さじ2
牛乳 … 大さじ2
玉ねぎ（みじん切り）… 150g
バター … 5g
B デミグラスソース（缶）… 1缶（290g）
赤ワイン … 50mℓ
中濃ソース … 大さじ2
ケチャップ … 大さじ2
はちみつ … 大さじ1
ローリエ … 1枚
塩 … 小さじ⅓

◎ **つくり方**

① フライパンにバターを熱し、玉ねぎを中弱火で炒める。飴色になるまでじっくりと炒めて取り出し、冷ましておく。
② パン粉と牛乳を混ぜ合わせ、ふやかす。
③ ボウルにA、①、②を入れ、粘りが出るまで手でしっかりとこねる。
4等分にして楕円形にまとめ、空気を抜く。
④ Bは混ぜ合わせておく。
⑤ フライパンに、③のハンバーグを並べ、ハンバーグの中心を軽く押してへこませる。強火にかける。
⑥ ジュージューと音がしてきたら中火にして焼く。焼き色がついたら返し、蓋をして2分ほど焼く。
⑦ 両面に焼き色がついたら、再び返してBを加える。ソースが沸いてきたら蓋をして弱火で7分ほど煮込む。
⑧ ソースにとろみがついたら、塩を加えてひと煮立ちさせる。器に盛って、チーズポテトを添える。

ハンバーグには「チーズポテト」を！

◎　**つくり方**

① じゃがいも（2個）は皮をむいて半分に切り、鍋に入れてかぶる程度の水を入れて強火にかける。沸騰したら弱火にして茹でる。
じゃがいもがやわらかくなったら、茹で汁を捨てて強火にかける。鍋をゆすりながら火にかけ、粉ふきいもになったら火を止める。

② フライパンにピザ用チーズ（60g）を4等分にして入れ、中強火にかける。チーズが溶けたら、じゃがいもの断面を下にしてチーズにのせる。
チーズに焼き色がつき、カリッとしたらチーズの面を上にして器に盛る。

大喜びカレー

市販のルウでつくるカレーですが、
うちにいらした方々は、みなさん、
大喜びしておかわりしてくださるので、
自ずと、この名がつきました。

◎ 材料（3〜4人分）

豚肩ロース肉（ブロック）… 400g
塩 … 小さじ1/3
黒胡椒 … 適量
玉ねぎ（みじん切り）… 1玉（300g）
バター … 10g
オリーブ油 … 大さじ1

A
- 水 … 700mℓ
- 白ワイン … 大さじ2
- にんにく … 2片
- ローリエ … 1枚

カレールウ（2種類をブレンド）… 60g

B
- 中濃ソース … 小さじ2
- カレーパウダー … 小さじ1と1/2
- コリアンダーパウダー … 小さじ1

塩 … 小さじ1/4
温かいごはん … 3〜4人分
福神漬け、粉ふきいもなど … 各適宜

◎ つくり方

① 豚肉は2cm厚さの食べやすい大きさに切り、塩、黒胡椒で下味をつける。にんにくは縦半分に切る。
② フライパンにバターを熱し、玉ねぎを飴色になるまで中弱火で炒める。
③ 厚手鍋にオリーブ油を熱し、豚肉を中強火で返しながら焼く。全体に焼き色がついたら、Aを加える。沸いたら少しずらして蓋をして、中弱火で40分ほど煮る。
④ 火加減を強めて②を加え、ひと煮立ちしたらカレールウを加える。カレールウが溶けたら、Bを加えて混ぜる。
⑤ 味をみて、足りなければ塩で調える。底が焦げやすいので、混ぜながら弱火で5分ほど煮る。
⑥ 温かいごはんを盛って、⑤をたっぷりかけ、お好みで福神漬け、粉ふきいもを添える。

いつもの豚しゃぶ
ねりねり胡麻にんにく

◎ **材料**（つくりやすい分量）

白ねり胡麻…大さじ2
麺つゆ（3～4倍濃縮）
…大さじ2
にんにく（すりおろし）…適量

【豚しゃぶ鍋】

水…1400㎖
だし昆布…1枚（5g）
豚肉（しゃぶしゃぶ用）
…お好みの量
大根、にんじん、根三つ葉
…各適宜
絹ごし豆腐…1丁

お肉でもお魚でも、野菜をたっぷり食べたいときに登場させます。
でも、しゃぶしゃぶ一品ということはなく、
副菜があれこれたくさんある、というのがわが家らしい。
このタレが抜群においしくて。
器の中で、湯と混ぜながら召し上がってください。

◎ **つくり方**

① **【つけだれ】**をつくる。
白ねり胡麻、麺つゆをよく混ぜ合わせる。
各自の器に、①を入れ、器のフチににんにくを添える。

② 水にだし昆布を入れ、中火にかけて沸かす。

③ 大根、にんじんはピーラーで麺のように薄く削ぐ。根三つ葉は6〜7㎝長さに切る。絹ごし豆腐は食べやすい大きさに切る。

④ 各自お好みで、しゃぶしゃぶしながらいただく。

年末年始、わが家の定番といえば――

大晦日の鴨汁そば

◎ **材料**（3～4人分）

合鴨ロース肉 … 250g
ごぼう … 1本
茄子 … 3本
長ねぎ … 1本
サラダ油 … 大さじ1と½
かつおだし … 1000mℓ
醤油 … 200mℓ
みりん … 100mℓ
砂糖 … 大さじ1
そば … 3～4人分
七味唐辛子 … 適宜

◎ **つくり方**

① 鴨肉は8mm厚さに切る。半分は焼いて上にのせ、もう半分は炒めて、うまみ出しに使うので、形がよいものとそれ以外に分けておく。
② ごぼうは大きめのささがきにして10分ほど水にさらす。茄子はヘタを取り、縦半分に切って、3cm厚さに切る。長ねぎは3cm長さに切る。
③ 小鍋にみりん、砂糖を入れて中火にかける。
しっかりと煮立たせて煮切り、水分が⅔量ほどになったら醤油を加える。ひと煮立ちさせて火を止める。
④ フライパンにサラダ油を熱し、①のうまみ出し用の鴨肉を中火で炒める。脂が出てきたら、茄子を加えて炒める。
⑤ 茄子に軽く焼き色がついたら、水気をきったごぼうを加えて炒める。全体に油が回ったら、長ねぎを並べ入れて中火で焼く。
⑥ 長ねぎに軽く焼き色がついたら、かつおだしを加え、ひと煮立ちさせる。③を加えて3～4分ほど煮る。野菜に火が通ったら器によそう。
⑦ ①の焼いてのせる用の鴨肉をフライパンで焼き、つけ汁にのせる。
⑧ そばを袋の表示通りにゆで、器に盛る。つけ汁にそばをつけながらいただく。七味唐辛子をかけてもおいしい。

お正月の鴨雑煮

◎ **材料**（4人分）

合鴨ロース肉 … 150～200g
小松菜 … 4株
切り餅 … 4個
かまぼこ … 適量
みりん … 大さじ4
醤油 … 大さじ4
かつおだし … 800mℓ
へぎゆず … 適宜

◎ **つくり方**

① 鴨肉は7～8mm厚さに切る。
② 小松菜は、沸騰した湯に茎のみを沈めて15秒、葉まですべて沈めてさらに10秒茹でる。すぐにザルに上げて冷水で冷やし、しっかりとしぼる。根元を切り落として5cm長さに切る。
③ 切り餅は網で焼く。かまぼこは7～8mm厚さに切る。
④ 小鍋にみりんを入れて中火にかけ、沸いたらそのまましばらく煮詰める。⅔量になったら醤油を加え、ひと煮立ちさせて火を止める。
⑤ 鍋にかつおだしを入れて中強火にかけ、沸いたら④を入れる。ふたたび沸いたら鴨肉を入れて煮る。鴨肉に火が入ったら、火を止める。
⑥ お椀に焼いた餅、小松菜、かまぼこを入れて、⑤をかける。好みでへぎゆずをのせる。

あとがきにかえて

「ごちそうさま」と言い続けて。

僕は料理家なので、つくった料理を直接誰かに食べてもらうわけではありません。僕がつくったレシピを誰かにつくってもらい、おいしいと言ってもらう仕事です。レシピを考えるうえで一番大事にしていることは、そのレシピが各家庭で定番になること。

奇をてらったり、手に入りにくい食材ばかりを使ったり、プロセスが複雑すぎると、何回かはつくってもらえても定番にはなりません。ほんのひと手間加えるだけで、いつもの料理がこんなにもおいしくなる。そういう味づくりを目指してレシピを考えています。

母のレシピは母の世代、僕の世代、そしてその子どもたち、もしかしたら、もうひと世代下の子どもたちにまでつくられている……時代に影響されることなく、受け継がれていくレシピです。そんなことができる料理家という仕事は本当に素晴らしいと思うし、つねにそういうレシピ、「ごちそうさま」を言ってもらえるレシピをつくり続けていきたいと思っています。

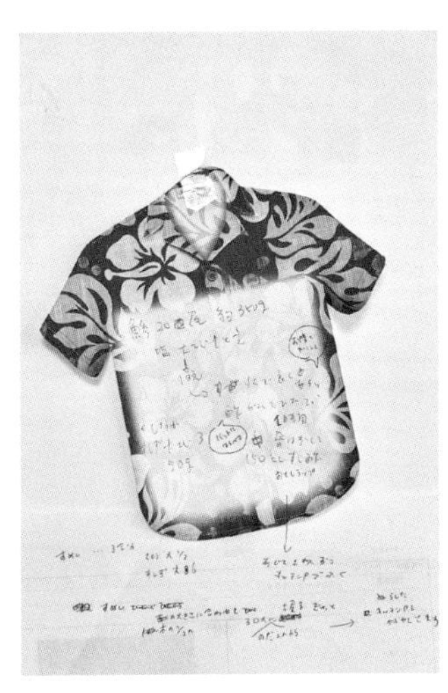

自作の〝囲炉裏〟とお酒。

瀬尾幸子先生がご自宅の囲炉裏でもてなしてくださったんです。それがとっても心地よく。すぐに真似しようと思い立ち、観葉植物用の植木鉢に金属製の大きなバケツ、金網を置いてオリジナルの囲炉裏スペースを自作。ししとうや椎茸を焼きながら、ハイボールをちびり。ひとりの時間も、友人を迎えるスターターにもぴったりの空間になりました。

おまけ
〜日常をちょっとだけ〜

ドラムと指輪、競技ゴルフ。

イタリアで購入したスネアは宝物のひとつ。じつはドラマーを目指したこともあって。実力を冷静に判断して諦めましたが。ゴルフはレジャーとしてではなく、プロと同じようにスコアを競う競技ゴルフを。真剣勝負でリラックスとは真逆ですが、緊張感を得られる、なくてはならないルーティンです。指輪も僕を象徴するのに欠かせません。これらは父の形見。お守りのような存在ですね。

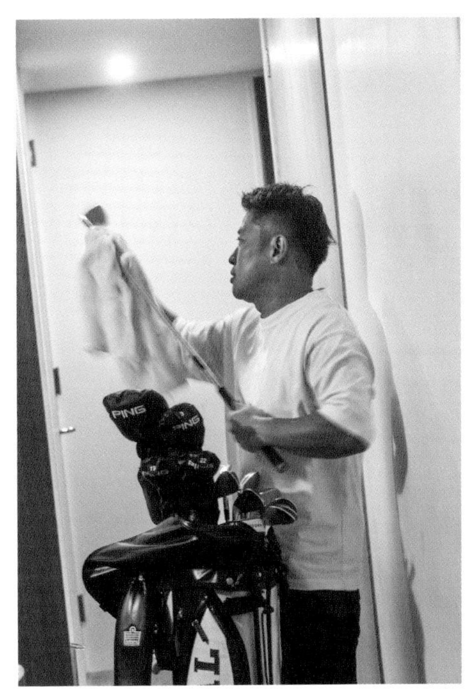

時代小説。

あらためて考えると、オフの日でもボーッと過ごすことはありません。スケジュールを立てて有効に時間を使うタイプ。ソファでゴロゴロしていても、お風呂に入っていても、ついつい読書を。家で読むのはもっぱら文庫本ですが、地方へ出張するときは身軽にしたいのでKindleを利用しています。ジャンルは時代小説や歴史物が多いなぁ。

仕事のこと。——会社を経営しています。

経営の勉強を本格的にしたわけではありません。28歳の時に、父から会社を受け継いで、実践の中で培われた経験値とたくさんの方々から勉強させていただいたおかげで、今日があると思っています。経営論について何も偉そうに言えることはありませんが、会社のあるべき姿について、少しだけ僕の考えをお話しさせていただきます。

企業とは、社会的存在意義がなければ存在しえないと思っています。社会的存在意義とは、例えばパン屋さんなら、そのパンを求めてくる地域のお客様のために存在意義があります。建築関係なら、その建設会社に建築物を建ててもらうメリット（価格、工期、デザインなど）があると判断されるところに存在意義があります。

会社を受け継いで最初に感じたことは、〝当社の製品を母がプロデュースしている〟こと以外の価値が当社にあるのかどうかでした。数あるキッチン雑貨ブランドの中で、お客さまに選ばれる理由が、〝栗原はるみ〟プロデュース以外になければ、企業の存在価値がないと思ったんです。当然、管理、営業、企画など、ほかの会社と同じように業務はたくさんありましたが、自分たちでつくり上げたポテンシャルではないのに、自社の社会的価値を勘違いしていました。ブームは続いたとしてもいずれは落ち着きます。それまでに本質的な企業価値を醸成できなければ、お客さまも離れて行ってしまう危機感を強く感じました。

幸いにして、母の人気は続き、ファン

のみなさまの温かいご支援によって、今でも会社は続いています。しかしながら、「ゆとりの空間」という会社が、本当の意味で社会的存在意義を得るにはどのような思想で商品をつくり、どのようにお客さまの暮らしを想像しているか、独自に考え世の中に訴えかけなければならないと思っています。

当社の製品を購入されたお客さまの暮らしが、その商品によってどのように変化していくのか。

望むのは大きな変化ではありません。「当社のフライパンで調理するとうまくできる、おいしくできる」であったり、「少しだけ料理が楽しくなった」「このお皿のおかげで、ホームパーティの回数が増えた」など微細な変化を理想としています。この微細な変化があることを、当社はきちんと説明しなければなりませんし、お客さまにご理解いただけるまで挑戦し続けなければなりません。結果、選択される企業になれば、社会的存在意義があると自信を持って言えます。企業にとってその自覚が一番大事なのではないでしょうか。

企業体質に関しては、常にトライ&エラーを繰り返している組織が理想です。いきなり社運をかけて博打的にトライするのではなく、会社として行ってきた本業を堅守しつつ、常に新しいチャレンジを行っている会社こそが、当然ながら成長できる企業なのだと思います。

スタッフは失敗を恐れます。誰しも失敗をしたくないのは当たり前ですが、会社側がその失敗も許容できる姿勢が人も組織も成長させると思っています。また、ミスしたことを隠すのではなく、共有することも非常に重要だと思っています。ミスを隠し始めると隠蔽体質が蔓延し、組織が機能不全を起こす原因になります。なので、できるだけ些細な失敗でも、関係者で共有することが大事です。

経営はシンプルであるべきです。ややこしい仕組みは出来るだけ撤廃し、みなが働きやすい環境を整えること。スタッフひとりひとりが、自分のやるべき仕事とその仕事の未来を創造し、課題があれば取り組める状態を提供してあげること。数字だけではない評価を会社がしてあげられること。会社が社員を守るだけではなく、スタッフ全員が会社を守っている自覚を持つこと。まだまだ実現できていないことばかりですが、いろいろ理想を挙げれば限りがありません。このようなことを考えながら、未だ未熟な社長をやらせてもらっています。

料理家

栗原心平（くりはら・しんぺい）

会社の経営に携わるいっぽう、幼いころから得意だった料理の腕をいかし、料理家としてテレビや雑誌などを中心に活躍。仕事で訪れる全国各地のおいしい料理やお酒をヒントに、ごはんのおかずやおつまみにもなるレシピを提案し続けている。『男子ごはん』（テレビ東京系列）レギュラー出演中。自身の公式YouTubeチャンネル「ごちそうさまチャンネル」も好評。また、小中学生を対象としたアーカイブ動画視聴型のオンライン料理教室「ごちそうさまクッキングスクール」を主宰している。

近著に『おいしい酒肴は白飯にも合う。』（平凡社）、『栗原心平のごちそうキャンプ　メスティン・スキレット・ダッチオーブンでつくる極旨レシピ』（小学館）がある。

装幀・デザイン　宮崎絵美子（製作所）
撮影　寺澤太郎
調理アシスタント　高橋まりあ（ゆとりの空間）
校正　木野陽子
編集　山﨑真由子
若林沙希（大和書房）

祖母から母に、母から僕に、
そして僕から息子へ。
栗原家のごはん

2021年12月31日　第1刷発行
2022年3月10日　第5刷発行

著者　栗原心平
発行者　佐藤靖
発行所　株式会社大和書房
〒112-0014
東京都文京区関口1-33-4
電話03-3203-4511

印刷　歩プロセス
製本　ナショナル製本

ISBN978-4-479-92155-4

https://www.daiwashobo.co.jp/